Recomendaciones de
¡Celebra Quién Eres!

"Quedé asombrado por la forma tan acertada y completa que el resultado de la evaluación me describió. El nivel de detalle y fiabilidad del reporte demostró que nuestra pequeña inversión de tiempo, esfuerzo y dinero valió la pena."
-Tom W., Inversiones en Gas y Petróleo

"El nivel de detalle y profundidad de entendimiento que obtuve con el resultado de mi Estilo de Percepción es mucho mayor – e inmediatamente útil – que el de cualquier otra evaluación que he completado. La diferencia es simplemente increíble."
-Flo B., Abogada

"Claramente, recuerdo dos momentos a lo largo de mi experiencia con este programa en que me dije "¡Wow!". El primero ocurrió el día en que repartieron nuestros resultados de la evaluación. Todos los gerentes que participaron se reunieron en una sala de conferencias. Cada uno recibimos nuestros resultados y se nos agrupó alrededor del cuarto de acuerdo con nuestro Estilo de Percepción. Me acuerdo pensar que, en mi grupo, estaban aquellas personas con quien siempre me he llevado bien. Cuando el instructor empezó a hablar sobre el grupo, las descripciones que usó fueron tan reales que no pude ignorarlas. Cuando dijo, "¡Ustedes eran esos estudiantes que se sentaban en clase pensando que sabían más que el profesor!" Este fue mi momento de decir "¡Wow!" Nunca había confiado este pensamiento con nadie más, aunque verdaderamente lo pensé durante la mayor parte de mis estudios. Era como si este tipo pudiera leer mi mente. Fue entonces cuando decidí que lo mejor que podría hacer es no descartar este programa. Ustedes se ganaron mi atención."
-Eric D., Director Administrativo

"¡Celebra Quién Eres! me proporcionó importante perspicacia sobre quien verdaderamente soy, lo cual sirvió para callar la parte de mi mente que permanentemente critica todo y empezar a poner atención. Mi momento "¡Wow!" ocurrió cuando me di cuenta de que para salir adelante necesitamos utilizar nuestras habilidades. Debemos entender nuestras debilidades, pero no nos debemos enfocar en ellas, pues esto es frustrante y contraproducente. Cuando me desempeñaba como reclutador de ejecutivos, decíamos que era imposible enseñarle a cantar a un cerdo pues frustra al maestro e irrita al cerdo".

-Jonathan C., Ventas y Relaciones Públicas

"¡Celebra Quién Eres! es más valioso que DiSC, Myers-Briggs, o Birkman porque se puede aplicar de forma inmediata y fácil."

-Jim C., Gerente de Comunicaciones

Serie El Poder de su Percepción

¡CELEBRA QUIEN ERES!

Reclame sus fortalezas, Transforme su vida

Métodos
Estilo de Percepción

Lynda-Ross Vega
Gary M. Jordan, PhD

Traducción de Ricardo Alberto Vega García y Maria Elena Triviño Vega
Diseño de la portada del libro por Alejandro Martin – Bloom Design Agency

ISBN: 978-1-958087-20-6

Impreso en los Estados Unidos de América

Solicitud de permiso para hacer copias de cualquier parte de este libro se puede hacer a:
Vega Behavioral Consulting Ltd.
1540 Keller Parkway, Suite 108-324
Keller, TX 76248
(817) 379-9952

https://thepowerofyourperception.com/portada

¿Cree que su Estilo de Percepción™ es MÉTODOS?*

¡Entonces esta guía de acción fue creada especialmente para usted!

Prepárese para…

- Identificar las habilidades, dones y destrezas que son únicamente suyas.

- Aprender cómo potenciar sus fortalezas y aprovechar su potencial al máximo.

- Profundizar su autoconocimiento.

- Descubrir por qué interactúa fácilmente con algunas personas mientras que con otras siente que le desafían (y qué puede hacer al respecto).

Encontrará esta información en la guía *¡Celebra Quién Eres! – Estilo de Percepción llamado Métodos!*

Este guía de acción va más allá de ayudarle a comprender su visión integral del mundo y su papel en él; está repleta de consejos prácticos y ejercicios sobre su Estilo de Percepción para ayudarle a convertir la información en algo REAL para usted.

Esta guía de acción es una versión impresa de los resultados en línea que recibirá al realizar la Evaluación del Estilo de Percepción™.

Proporciona una revisión detallada de las principales fortalezas específicas al Estilo de Percepción llamado Métodos, según lo define la **Teoría del Estilo de Percepción™.**.

---

*Si aún no ha completado la Evaluación del Estilo de Percepción,
por favor hágalo antes de comprar este libro.

Visite https://thepowerofyourperception.com/portada

Obtenga más información acerca de la teoría sobre los Estilos de Percepción™ en nuestro libro.

Disponible en Amazon.

Dedicado a
homenajear como usted es

y a nuestras familias y amistades
que celebran con nosotros

Tabla de Contenido

¡Bienvenido!   1

Introducción   2

Adaptabilidad: 9
su respuesta a los cambios

Colaboración: 13
trabajo en equipo y cooperación

Comunicación: 17
hablar, escribir y escuchar

Conflicto: 21
cómo lidiar con la oposición y el desacuerdo

Liderazgo: 24
inspirar y guiar a otros

Aprendizaje: 28
adquisición de nuevos conocimientos y habilidades

Persuasión: 31
convencer a los demás

Automotivación: 34
crear un incentivo personal para la acción

Interacción Social: 37
entornos y situaciones preferidas

Orientación del Tiempo: 40
perspectiva sobre el pasado, presente y futuro

Aspectos destacados de cada uno de los seis Estilos de Percepción   43

Interacción entre Estilos de Percepción   47

¡Comencemos la Celebración!   52

Primer paso: Comprensión   53

Segundo paso: Aceptación   53

Tercer paso: ¡Celebración!   55

Sobre los Autores   57

¡Bienvenido!

La vida es demasiado corta para no disfrutarla plenamente. Probablemente existan personas haciendo fila para decirle lo que debe hacer mejor y que si solo se esforzara más, pudiera mejorar y encontrar el éxito y la felicidad. Aunque es cierto que hacer su mejor esfuerzo y esforzarse por mejorar son metas admirables, el truco es asegurarse que se está enfocado en sus habilidades y talentos naturales ... no en los de otra persona.

Entonces, ¿cómo sabe cuáles son sus habilidades y talentos naturales?

La respuesta a esta pregunta es la base de nuestro trabajo y el catalizador de más de 40 años de investigación y desarrollo de programas para personas como usted. **El objetivo principal de esta guía de acción y de todos nuestros programas, es ayudarlo a identificar y usar sus habilidades y talentos naturales.**

El primer paso es entender cómo encaja en el mundo, cómo percibe el mundo que lo rodea y cómo esa percepción influye en sus acciones. El propósito de *¡Celebra Quién Eres!* es ayudarlo a explorar y reclamar los aspectos únicos de su percepción. A medida que lo haga, sus habilidades y potencial innato se expandirá. Sus habilidades innatas y su potencial se expandirán y fortalecerán a medida que reclame el **Poder de su Percepción**™.

Esta guía de acción está organizada en secciones que proporcionan información sobre aspectos específicos de la forma en que usted ve el mundo, seguidas de preguntas diseñadas para ayudarle a aplicar estos conocimientos. Una vez que comience a leer, es posible que desee apresurarse hasta el final: hay mucha información excelente. Le recomendamos que **se tome el tiempo para reflexionar sobre cada sección** y considerar las preguntas presentadas: su experiencia será más personal y significativa.

Estamos muy contentos de que haya elegido emprender este viaje con nosotros. Aprenderá cosas nuevas sobre usted mismo, validará cosas que innatamente sabe que son verdaderas y se sentirá verdaderamente contento al confirmar quién es y cuál es realmente su potencial.

¡Saludamos su éxito!

Lynda-Ross y Gary

Introducción

Su viaje para reclamar sus habilidades y darse cuenta plenamente del poder que su percepción aporta sus habilidades y talentos naturales comienza con *¡Celebra quién eres!*; un proceso de descubrimiento enfocado en ayudarle a comprender su visión integral del mundo y su parte en él,

- entender aquello que verdaderamente hace bien,

- ser reconocido y apreciado por lo que es, y

- sentirse confiado con su expresión personal de sus habilidades naturales.

La clave para entenderse a sí mismo es entender su **Estilo de Percepción™ (Perceptual Style™)**.

El Estilo de Percepción, es la forma en que toma la información a través de sus cinco sentidos y la hace significativa para usted.

Su Estilo de Percepción actúa como un filtro entre la sensación y la comprensión. Está en el centro de quién usted es, e impacta sus valores, creencias, sentimientos y psicología.

Usted posee uno de los seis distintivos Estilos de Percepción. Las decisiones que toma, las acciones que toma y las direcciones que elige están influenciadas por su Estilo de Percepción, porque este define la realidad para usted.

Su Estilo de Percepción es

MÉTODOS

Antes de revisar los detalles de su Estilo de Percepción

La evaluación de Estilo de Percepción que completó mide cuál de los seis Estilos de Percepción, describe la forma en que ve el mundo.

En las siguientes secciones de esta guía de acción, descubrirá la profundidad y riqueza de su Estilo de Percepción.

Encontrará una descripción general sobre la experiencia perceptiva de personas con quien comparte su estilo, al igual que detalles sobre las fortalezas y comportamientos específicos en diez habilidades críticas de la vida.

Recuerde que su Estilo de Percepción, no es solo un pasatiempo entretenido basado en conceptos psicológicos, sino una parte fundamental de quién usted es.

Las decisiones y acciones que toma, al igual que las direcciones que elige, están influenciadas por su Estilo de Percepción. Su Estilo de Percepción define su realidad.

Su Estilo de Percepción es la base de todas sus fortalezas naturales, las habilidades con las que tiene el potencial de sobresalir verdaderamente con gracia y facilidad, debido a la forma en que ve y experimenta el mundo que lo rodea.

A medida que lea sobre cómo su Estilo de Percepción da forma a su enfoque en diversos aspectos de su vida, identificará las cosas que hace tan fácilmente que asume que todos tendrán la misma facilidad, pero ese no es el caso. ¡Son fortalezas características de su Estilo de Percepción!

También identificará habilidades que le parezcan nuevas. Estas son habilidades para las cuales tiene una capacidad innata debido a su Estilo de Percepción. Sin embargo, es posible que aún no haya tenido una razón para usarlas.

Encontrará que gran parte de la descripción del Estilo de Percepción, se adapta a usted cómodamente y validará su experiencia perceptiva.

Es importante tener en cuenta que es posible que no se relacione con todos los aspectos de su Estilo de Percepción, pero sabrá que es el suyo cuando el 80% o más de los detalles encajen.

A medida que lea esta guía de acción, esperamos que gane orgullo y confianza en las habilidades que puede reclamar fácilmente como suyas e identifique otras que le brinden nuevas posibilidades.

¡Comencemos!

Métodos - Experiencia Perceptiva

Cada uno de los seis Estilos de Percepción entiende y experimenta el mundo de maneras fundamentalmente diferentes. Para entenderse a sí mismo, usted debe entender la naturaleza de su experiencia.

Debido a su Estilo Perceptivo llamado Métodos, percibe el mundo de una manera racional y práctica. Ve un mundo que es sensato, lógico y fáctico. Las cosas son lo que son.

Usted cree que los hechos, cuando se presentan adecuadamente, hablarán por sí mismos.

Aplica los datos disponibles en forma racional para tomar decisiones y resolver problemas, y está seguro de que llegará a la conclusión correcta a través de este método.

Se esfuerza por ser objetivo y justo, tomando el rol de experto que entiende y presenta los datos y la lógica de una situación.

Usted determina los objetivos y establece un curso de acción que conduce sistemáticamente al resultado deseado. Ve un mundo de cosas por hacer, proyectos que llevar a cabo, responsabilidades que dominar y tareas que realizar, todo lo cual requiere planes sólidos y bien estructurados.

Crea y sigue un conjunto ordenado de pasos que, cuando se realizan en una secuencia lógica repetible, inevitablemente terminan con el logro de sus objetivos.

Sabe que incluso la tarea más compleja siempre se puede dividir en una secuencia de pasos simples. Cada paso conduce al siguiente, un paso a la vez hasta que el trabajo esté terminado.

Usted cree que solamente existe una forma correcta mediante la cual cada problema, iniciativa u objetivo puede ser manejado mejor. Actuar de cualquier otra manera solo hace que las cosas sean más difíciles de lo que deben ser. Disfruta descubriendo y aplicando el enfoque correcto - la satisfacción radica en identificar los pasos y planificar la secuencia correcta.

Una vez que la necesidad haya sido apropiadamente establecida, usted está de acuerdo con la aplicación de cambios que sean implementados en forma lógica y racional.

Termina lo que empieza, perseverando porque sabe que los buenos planes producen resultados si el plan se sigue hasta el final.

Usted cree que la falla de una solución de trabajo, probablemente se debe a un error humano en la forma que se aplicó el curso de acción prediseñado.

Observa a las personas cuidadosamente, organiza sus observaciones lógicamente, planifica y luego actúa deliberada y hábilmente sobre sus conclusiones.

Confía en lo que la gente le dice. Usted dice lo que quiere decir, quiere decir lo que dice, y espera que otros se porten igual con usted.

Sabe que las emociones se interponen en el camino de la lógica y la racionalidad, por lo que no habla sobre sus sentimientos ni los comparte abiertamente con gente afuera de su círculo íntimo.

Evita involucrarse demasiado a nivel personal o emocional con personas fuera de sus amistades o familiares más cercanos ya que ve ambos como distracciones de la objetividad necesaria para funcionar de manera efectiva.

Su capacidad para ver la estructura e imponer el orden le permite ayudar a otros a funcionar frente al caos y la incertidumbre, y usted es realista y consistente en entornos de alta presión.

Usted es un negociador talentoso, que aplica lógica, racionalidad, imparcialidad y comprensión de los hechos para llevar a las partes involucradas a llegar a un acuerdo.

No se involucra en maniobras de política o intriga. Otros dependen de usted para alejar el debate y la discusión lo más lejos posible de temas personales o de política para así poder discutir sobre hechos concretos y llegar a alcanzar un acuerdo sobre los hechos.

Usted desarrolla credibilidad debido a su reputación de confiabilidad personal y equidad.

Debido a sus conocimientos, es un maestro para la negociación gracias a su agudo sentido del valor de las cosas.

Su **Estilo Perceptivo** llamado **Métodos** es la razón por la cual usted:

- evalúa críticamente los cursos de acción alternativos.

- compara conjuntos actuales de datos con conjuntos de datos anteriores.

- raciocina cuantitativamente.

- toma decisiones oportunas y sistemáticas después de revisar y considerar los hechos e información disponible.

- para analizar un problema, separa sus diferentes componentes e investiga cada uno de ellos.

- mantiene la perspectiva bajo estrés o en ambientes intensos.

- declara su posición con firmeza y claridad, sin disculpas ni vacilaciones.

- se enfoca en las situaciones presentes en lugar de vivir en el pasado o el futuro.

- vive su vida de una manera ordenada, estructurada y razonable.

- impone claridad y orden antes de proceder.

- absorbe y recopila grandes cuerpos de información.

- es modelo de frugalidad y demanda economía.

- sigue los planes establecidos a su conclusión.

- busca mejorar la eficiencia de su propio rendimiento.

- tiene una alta tolerancia a la repetición y la rutina.

- divide un procedimiento en elementos discretos para que pueda ser imitado con precisión.

- toma una idea, hace una investigación exhaustiva y desarrolla un plan de tipo paso a paso.

Reflexión sobre la Experiencia Perceptiva

No es inusual reaccionar a la introducción inicial de su Estilo de Percepción con sentimientos de orgullo ("sí, lo hago bien"), un sentido de validación ("ahora que lo menciona, ¡lo hago!") y algunas sorpresas ("¿en serio?").

A continuación, hay algunas indicaciones que lo ayudarán a reconocer cómo su Estilo de Percepción llamado Métodos se refleja en las cosas que hace.

- Describa una situación en la que mantuvo su compostura bajo presión. ¿Cuál de los atributos enumerados en la sección titulada *Experiencia Perceptiva* contribuyó a su éxito?

- ¿Cuándo fue la última vez que definió una lista de pasos para lograr algo? Describa la situación y cómo su enfoque ayudó a lograrlo.

- ¿Qué habilidades enumeradas en la sección titulada *Experiencia Perceptiva* usa a diario?

Adaptabilidad: su respuesta a los cambios

El cambio es constante; es parte de su vida cotidiana. Hay cambios en el clima, la economía, las relaciones, las situaciones laborales, etc. El solo vivir cada día y envejecer trae cambios.

Algunos cambios son sorpresas, algunos cambios usted inicia, y algunos cambios simplemente parecen inevitables.

Es por eso que la adaptabilidad es una habilidad crítica para la vida.

La adaptabilidad se define, como la capacidad de adaptarse a nuevas condiciones o circunstancias. El aprovechar sus fortalezas relacionadas con su adaptabilidad, puede significar la diferencia entre la preocupación excesiva y el estrés frente a lidiar con los cambios en sus términos.

No existe una sola forma de ser adaptable. La verdadera clave de la adaptabilidad es saber qué es cómodo para uno mismo y cómo establecer ese nivel de confort con los cambios en su vida.

Las habilidades naturales que apoyan su adaptabilidad son esenciales para ayudarlo a comprender sus reacciones y niveles de tolerancia para cosas como:

- planificación

- toma de decisiones

- entornos caóticos

- estructura

- ambigüedad

- espontaneidad

- resolución de problemas

El adoptar sus habilidades de adaptabilidad, lo ayudará a elegir entornos de trabajo, relaciones y situaciones sociales donde prosperará y evitará aquellos que lo arrastrarán hacia abajo.

Con el Estilo de Percepción llamado Métodos, usted ve el cambio como una alteración inevitable necesaria para responder y acomodar nuevos hechos.

Cuando nuevos hechos salen a la luz y son examinados, usted los integra de manera práctica en sus actividades actuales.

No entiende la necesidad de cambios radicales y los experimenta como tontos e innecesarios.

Ve poca necesidad de desechar todo para comenzar completamente de nuevo.

Usted cree que, si una estrategia sirvió su propósito ayer, hay algo en ella que es fundamentalmente correcto. Por lo consiguiente, tiene más sentido actualizar algo que ya está funcionando que empezar de nuevo.

Usted ve el cambio iniciado sin análisis sólido como ineficiente, irresponsable y dañino.

Usted no acepta inmediatamente un cambio propuesto. Necesita tiempo para considerar los pros y los contras relevantes antes de decidir adaptarse o resistirse.

Cuando se enfrenta a un cambio masivo, lo divide en pasos manejables que le permiten adaptarse a su magnitud.

Adaptabilidad:

Su Estilo de Percepción llamado Métodos es la razón por la cual usted:

- adopta un enfoque pragmático para modificar las estructuras existentes.

- está preparado para actualizar, pero no para empezar de nuevo.

- ve el cambio como inevitable pero no siempre necesario.

- no funciona de la mejor manera posible en crisis o entornos que cambien rápidamente.

- gestiona el cambio cómodamente, pero rara vez inicia cambios audaces o radicales.

- se esfuerza por mantener un equilibrio entre la estabilidad y el cambio.

Reflexión sobre la Adaptabilidad

A continuación, presentamos algunos ejemplos que lo ayudarán a reconocer cómo se refleja su Estilo de Percepción *llamado* Métodos *en sus habilidades de adaptabilidad:*

- Describir una situación reciente en la que ha iniciado un cambio.

- ¿Cómo convenció a otros de la necesidad del cambio?

- Describa una situación en la que se le impuso un cambio. ¿Qué atributos y habilidades enumerados en la sección titulada *Adaptabilidad* utilizó?

Colaboración:
trabajo en equipo y cooperación

Interactuar en cooperación con otros, es una parte fundamental de la vida, y es un ingrediente crítico para las familias, amistades, actividades escolares y los entornos laborales y sociales. Prácticamente todos los aspectos de su vida son una oportunidad para la colaboración.

Muchos estudios en psicología y sociología, demuestran la realidad que los seres humanos se marchitan en aislamiento y prosperan en comunidad. El dicho: "Ningún hombre es una isla", es cierto. Solos flaqueamos; juntos, podemos ver y lograr mucho más.

Como seres humanos, estamos programados para buscar comunidad, conectarnos con otros seres humanos y pertenecer. Sentirse conectado con los demás mejora nuestra salud física y bienestar mental y emocional.

La colaboración es el núcleo de la participación en la comunidad, ya sea que esa comunidad sea su familia, lugar de trabajo, amistades u otros grupos de personas.

Sin embargo, la colaboración puede ser muy desafiante porque debemos tratar con personas que ven las cosas de manera diferente a nosotros y que poseen diferentes habilidades y debilidades.

Con el **Estilo de Percepción** llamado **Métodos**, ve el beneficio de la colaboración cuando todos aportan habilidades de igual valor y respetan las mismas reglas.

Se siente cómodo funcionando de forma independiente, y aunque disfruta de la camaradería en la colaboración, no la busca.

Se une a grupos donde los miembros comparten intereses comunes y donde pueda aportar tanto valor como reciba.

Prefiere participar en colaboraciones que tengan un plan lógico diseñado para producir resultados específicos, concretos y medibles.

Espera reciprocidad y beneficio mutuo de las colaboraciones.

Evita enredos personales y emocionales. Trabaja de manera confiable y cooperativa con otros miembros del equipo, siempre y cuando se enfoquen en el logro de objetivos.

Tiene una evaluación realista de lo que cada persona dentro de un grupo puede ofrecer para facilitar los objetivos del grupo.

Usted ayuda a establecer un plan realizable utilizando un análisis basado en datos sobre lo que se requiere y teniendo en cuenta los recursos disponibles.

En cualquier esfuerzo grupal, prefiere expectativas claras y definición de responsabilidades individuales.

Permanece en la periferia del grupo hasta que es obvio que su habilidad y experiencia son necesarias.

Es un miembro confiable y estable de cualquier equipo.

Como miembro del equipo, usted apoya el esfuerzo del grupo solo cuando los hechos justifican las decisiones y acciones tomadas.

Su Estilo de Percepción llamado Métodos es la razón por la cual usted:

- considera y responde a los sentimientos de los miembros del grupo, pero toma decisiones y medidas basándose solo en hechos.

- valora el juego honesto.

- aunque disfruta trabajando con otros, funciona bien de forma independiente.

Colaboración:

- establece límites y expectativas para su participación en cualquier grupo.

- reconoce las habilidades que cada persona aporta a la colaboración.

- espera que los miembros del grupo proporcionen habilidades de igual valor y aporten el mismo esfuerzo.

- Cómodamente comparten el reconocimiento de los esfuerzos del grupo.

- reserva su apoyo hasta que los hechos lo convenzan.

- se desempeña como una fuerza estabilizadora en una situación grupal.

Reflexión sobre la Colaboración

A continuación, presentamos algunas indicaciones que lo ayudarán a reconocer cómo su Estilo de Percepción llamado Métodos se refleja en sus habilidades de Colaboración:

- Enumere los atributos descritos en la sección titulada *Colaboración* que reconoce en su propio comportamiento cuando forma parte de un grupo o equipo.

- ¿Cuáles son las habilidades más fuertes que aporta a la colaboración y el trabajo en equipo?

- Describa una situación que demuestre su uso de estas habilidades.

Comunicación:
hablar, escribir y escuchar

La comunicación es la acción fundamental que une o separa a las personas.

Todos queremos que nos entiendan. Por lo tanto, buscamos las palabras y el tono correctos para transmitir nuestro mensaje. A menudo no reconocemos que cada uno de nosotros tenemos nuestro propio filtro de comunicación y, debido a ese filtro, lo que queremos decir no siempre es lo que otros escuchan y viceversa.

Las desconexiones en la comunicación nos suceden a todos. No es una indicación que nosotros o las otras personas estemos cortos de inteligencia. Tampoco quiere decir que usted no este poniendo atención o tratando de establecer una conexión. La realidad es que las palabras que elige, el significado que pretende y los desencadenantes de eventos que escucha están influenciados por su Estilo de Percepción.

Las palabras son un código que ponemos en nuestros pensamientos e ideas con el fin de comunicar nuestra intención y significado a los demás. El código que usa a diario para hablar, escribir y escuchar depende en gran medida de cómo percibe el mundo.

En el centro de su comunicación está su **Estilo de Percepción** llamado **Métodos**.

Su manera de expresarse y escuchar está directamente relacionada con la forma cómo ve el mundo y lo hace significativo para usted.

Usted es un comunicador práctico que utiliza un lenguaje claro y fáctico para presentar las realidades de una situación.

Cree que los hechos hablan por sí mismos y no ve la necesidad de agregar opiniones, juicios, reacciones o sentimientos.

Usted procede de la evidencia a la conclusión en un estilo objetivo y analítico.

Debido a que está enfocado en el contenido, su comunicación no incluye sutileza ni significado oculto.

Usa el lenguaje para describir en lugar de embellecer, persuadir o conectar.

Dice lo que quiere decir, quiere decir lo que dice y espera que otros hagan lo mismo.

Se esfuerza por ser objetivo y justo - por desempeñarse como un experto que entiende y presenta los hechos y la lógica de una situación.

Usted es un buen oyente que recopila datos de manera justa e imparcial y expresa interés y curiosidad sobre lo que se dice sin tener preocupaciones personales por ello.

Su estilo de escritura es bien organizado, fáctico y claro.

Presenta su información de una manera lógica, estructurada, lineal y de forma paso a paso, para que sea fácil de entenderse y seguir desde la introducción hasta la conclusión.

Su **Estilo de Percepción** llamado **Métodos** es la razón por la cual usted:

- proporciona información de una manera clara, paso a paso.

- establece claramente las expectativas y los estándares.

- escucha y responde a preguntas con información directa y relevante.

- se frustra al escuchar a personas que enfatizan los sentimientos en lugar de los hechos y parecen hablar en círculos en lugar de ir al grano.

- habla objetivamente, de manera práctica, literal y analítica.

- se enfoca en la lógica y la evidencia.

Comunicación:

- expresa seriedad de propósito.

- por lo general, no habla mucho sobre sus sentimientos, prefiriendo confiar en los hechos para transmitir su mensaje.

Reflexión sobre la Comunicación

A continuación, presentamos algunas indicaciones que lo ayudarán a reconocer cómo su Estilo de Percepción *llamado* Métodos *se refleja en sus habilidades de Comunicación:*

- Describa una interacción reciente en la que explicó cómo se debe hacer algo. ¿Qué atributos y habilidades enumerados en la sección titulada *Comunicación* utilizó?

- Clasificar la información para obtener los hechos es fácil para usted. ¿Qué atributos y habilidades enumerados en la sección titulada *Comunicación* contribuyen a su estrategia?

- Describa una situación en la que dejó de escuchar a alguien. ¿Cuáles fueron las condiciones que resultaron en su reacción?

Conflicto:
cómo lidiar con la oposición
y el desacuerdo

Uno pensaría que los seres humanos, dada su necesidad de establecer comunidad, hubieran encontrado una solución al conflicto interpersonal hace muchos años.

Hubiera sido maravilloso, pero desafortunadamente el conflicto interpersonal es un resultado natural de la interacción humana. Las personas ven el mundo de manera diferente, tienen distintos valores y expectativas, y no siempre comparten los mismos objetivos o posibilidades.

Como seres humanos, todos deseamos pertenecer a algo, que se nos valore y que le agrademos a los otros. Si partimos de la suposición, que otras personas tienen buenas intenciones y no están tratando de irritarnos o insultarnos, es más fácil darnos cuenta que simplemente ellos no ven la situación de la misma manera que nosotros (lo más probable es que tengan un Estilo de Percepción diferente).

Al tener en cuenta este concepto, se suaviza el dolor de las desconexiones. No es personal; es una perspectiva diferente.

El tener conflicto en su vida es inevitable. Ya sea que los conflictos sean menores o graves, usted posee habilidades naturales para ayudarlo a lidiar eficazmente con la oposición y el desacuerdo.

Con el **Estilo de Percepción** llamado **Métodos**, comprende que las diferencias entre las personas ocurren y que estas diferencias conducen a conflictos.

Sin embargo, usted cree que el conflicto se puede resolver examinando los hechos.

Usted cree que cuando todos los datos salgan a la luz y se examinen con sensatez, el curso de acción más lógico se aclarará.

Usted sabe que se puede llegar a una resolución si ambas partes siguen un camino práctico.

Usted ve el conflicto como una realidad irritante que puede mitigarse si se aborda de manera objetiva, abierta y sin agendas ocultas.

Pierde la paciencia con personas que parecen más interesadas en discutir sobre el conflicto que en resolverlo.

Ayuda a otros a negociar una resolución racional al conflicto proporcionando información objetiva y ayudando a que cada parte entienda el buen sentido de las compensaciones y el compromiso.

Aleja el debate sobre cosas personales o políticas hacia cuestiones concretas y a llegar a un acuerdo sobre los hechos.

Para usted, el tiempo pasado en conflicto es tiempo perdido que podría haber utilizado productivamente haciendo otra cosa.

Su **Estilo de Percepción** llamado **Métodos** es la razón por la cual usted:

- encuentra el conflicto como una interrupción irracional.

- cree que el conflicto se puede resolver con un análisis objetivo de los hechos.

- desactiva el conflicto utilizando un enfoque directo y sin emociones.

- prefiere moverse a través del conflicto rápidamente para volver a centrarse en lo que el conflicto interrumpió.

- es buscado por otros para negociar la resolución de conflictos.

- convence a grupos diversos para que cooperen en función del interés mutuo.

Reflexión sobre el Conflicto

A continuación, presentamos algunas indicaciones que lo ayudarán a reconocer cómo se refleja su Estilo de Percepción *llamado* Métodos *en la forma en que se enfrenta al conflicto:*

- Describa un conflicto entre otras personas que se le pidió que ayudara a resolver. ¿Qué habilidades enumeradas en la sección titulada *Conflicto* usó?

- ¿Cuándo fue la última vez que estuvo personalmente involucrado en un conflicto? ¿Cómo lo resolvió?

Liderazgo:
inspirar y guiar a otros

Básicamente, el Liderazgo se define como inspirar y guiar a un grupo de personas para lograr un objetivo común. En esencia, el liderazgo combina el arte y la ciencia para atraer seguidores, señalar una dirección y luego guiar e influir en sus seguidores para lograr los objetivos.

Muchos tratarán de convencerlo que existe una sola forma para ser un líder efectivo. O que, si usted no es una persona naturalmente extrovertida, autoritaria o visionaria, no podrá ser un líder efectivo. Simplemente esto no es cierto. El verdadero éxito de un líder ocurre de adentro hacia afuera - usando sus habilidades naturales para guiar e inspirar a otros a lograr grandes éxitos.

Todo el mundo tiene la capacidad de ser un líder eficaz, incluso excepcional. No existe un solo conjunto de rasgos o comportamientos que garanticen el éxito. Existe SU manera de ser un líder, basada en sus habilidades naturales.

Con el **Estilo de Percepción** llamado **Métodos**, usted ve el liderazgo como un proceso paso a paso que sigue un plan claro e inequívoco que se ha desarrollado lógicamente basándose en un análisis de la evidencia y la observación imparcial.

Usted toma decisiones racionalmente utilizando los hechos y datos disponibles.

Usted cree que hay un orden que subyace a cada situación, y una vez descubierto, proporcionará la solución correcta. Seguir cualquier otro enfoque no sería lógico.

Su objetivo es lograr que sus seguidores vean cada situación desde la misma perspectiva imparcial que usted tiene porque sabe que al hacerlo llegarán a las mismas conclusiones.

Liderazgo:

No pierde el tiempo contemplando lo que podría o debería ser. Acepta lo que es y aborda la situación de una manera imparcial para aportar su experiencia de manera reflexiva y empírica.

Se comunica con sus seguidores de una manera sensata y práctica sobre los datos y el método de análisis para así ponerlos al día y lograr que se unan a su dirección de liderazgo.

Está dispuesto a entretener otros puntos de vista siempre y cuando estén respaldados por datos objetivos.

No se deja llevar por apelaciones de emoción o sentimiento.

Tiene en claro lo que se puede y no se puede lograr con los recursos disponibles, y no especula sobre otras posibilidades.

Atrae seguidores debido al aspecto de sentido común en su enfoque directo y racional.

Su **Estilo de Percepción** llamado **Métodos** es la razón por la cual usted:

- desarrolla credibilidad y lealtad gracias a su reputación de confiabilidad personal y trato justo.

- enfoca a sus seguidores y a usted mismo en lograr lo que hay que hacer en lugar de quedar atrapado en maquinaciones políticas.

- recopila amplia información proveniente de personas que representan diversos puntos de vista antes de tomar una decisión o tomar acción.

- presenta un exterior sin emociones cuando está bajo estrés.

- disfruta encontrando las formas más efectivas y eficientes para aumentar la productividad de sí mismo y de sus seguidores.

- cuando enfrenta fuerte oposición, tolera opiniones en desacuerdo con las suyas y toma decisiones objetivamente.

- enfatiza la eficiencia y finalización.

- desarrolla planes prácticos de tipo paso a paso que sean fácil de entender.

- manifiesta su posición con firmeza y claridad, sin disculpas ni vacilaciones.

- discute con compostura.

- asume que cuando todos los hechos relevantes y el tiempo para digerirlos estén disponibles, otros estarán de acuerdo con sus conclusiones.

- asume el liderazgo cómodamente en situaciones hostiles.

- usa la lógica para liderar a las personas y atraer seguidores.

Reflexión sobre el Liderazgo

A continuación, presentamos algunos ejemplos que lo ayudarán a reconocer cómo se refleja su Estilo de Percepción llamado Métodos en la forma como enfoca el Liderazgo:

- Enumere los atributos descritos en la sección titulada *Liderazgo* que reconoce en su propio comportamiento.

- ¿Cuáles son sus habilidades de liderazgo más fuertes?

- Describa una situación que demuestre su uso de estas habilidades.

Aprendizaje: adquisición de nuevos conocimientos y habilidades

El aprendizaje, cuando somos adultos es una experiencia completamente diferente a cuando somos niños. Específicamente el hecho que como adultos el proceso es mucho más autodirigido.

Como niño, uno aprende porque nuestros padres y maestros nos ordenan a hacerlo, y ellos califican y monitorean nuestro progreso.

Como adulto, es más probable que se dedique a estudiar por una razón particular, como el conocimiento y las habilidades relacionadas con su trabajo o autodesarrollo personal. Y es más probable que elija temas que tengan un impacto inmediato en su vida cotidiana o laboral.

Un aspecto del aprendizaje que no cambia con el tiempo es su preferencia por la forma cómo se le presente la información. Hay tres métodos generales de aprendizaje:

- Visual (imágenes, gráficos, palabra escrita),

- Auditivo (historias, canciones, discusiones), y

- Kinestésico (experiencial, actividades, juegos de rol).

Debido a su Estilo de Percepción, usted responde a los tres métodos de aprendizaje, pero prefiere una combinación única de estos para maximizar su conocimiento y crecimiento.

Aprendizaje:

Con el Estilo de Percepción llamado Métodos, usted aprende reuniendo y organizando información.

Usted está más interesado en temas presentados objetivamente con tiempo para el análisis de datos y que puedan ser entendidos empíricamente.

Le desaniman las presentaciones emocionales basadas en opiniones o especulaciones que no están respaldadas por hechos.

Sus formas preferidas de aprendizaje incluyen el análisis estructural, la observación directa y la explicación básica de causa y efecto.

Esto le permite proceder de manera lógica y metódica, satisfaciendo su necesidad de pruebas sólidas y un examen completo de los hechos.

Prefiere un entorno de aprendizaje que le permita comparar y contrastar conjuntos de datos y sacar conclusiones de lo que revela la comparación.

Le desaniman los eventos de aprendizaje experienciales y participativos.

Su Estilo de Percepción llamado Métodos es la razón por la cual usted:

- prefiere el estudio y análisis sistemático.

- explora la causa y el efecto fundamental.

- recopila datos completos para simplificar la aparente complejidad.

- descubre sentido de las cosas mediante cuidadosa atención a la experiencia cotidiana.

- comprende los procesos y principios subyacentes.

- deriva conclusiones comparando y contrastando datos.

Reflexión sobre el Aprendizaje

A continuación, presentamos algunos ejemplos que lo ayudarán a reconocer cómo se refleja su Estilo de Percepción llamado Métodos en la forma como enfoca el aprendizaje:

- ¿Identifique algo que recientemente se propuso aprender? ¿Cómo realizó el proceso de aprendizaje?

- Describe la experiencia de aprendizaje formal más agradable que haya tenido.

- ¿Cómo se comparan estas dos experiencias de aprendizaje que acaba de describir? ¿Qué habilidades enumeradas en la sección titulada *Aprendizaje* usó para cada una?

Persuasión: convencer a los demás

La persuasión es el acto de convencer a otros que estén de acuerdo con su punto de vista, adopten una perspectiva particular o tomen un curso de acción que usted sugiera. Es el proceso de presentar información y razones que motivan o cambian el pensamiento de otra persona.

La retórica - el arte de la persuasión - ha sido estudiada y discutida durante miles de años por personas como Platón y Aristóteles, entre muchos otros. A Aristóteles se le atribuye generalmente la creación de los pilares fundamentales de la retórica en su tratado Retórica, publicado alrededor del año 330 AEC.

Con toda esa historia, es inevitable que ambas palabras, "retórica" y "persuasión", tengan connotaciones positivas y negativas. Al igual que la palabra "ventas", pensamos en la persuasión como positiva cuando las intenciones y los resultados son positivos para ambas partes y negativos cuando las intenciones son manipuladoras y los resultados no son del mejor interés de la otra persona.

En esta sección, nuestro enfoque será específicamente relacionado en las habilidades positivas y esenciales relacionadas con la persuasión. Estas habilidades le ayudan a interactuar de manera efectiva con otros en casa y en el trabajo. ¡Imagínese cómo sería planificar unas vacaciones familiares si no tuviera habilidades de persuasión!

Con el **Estilo de Percepción** llamado **Métodos**, usted adopta un enfoque lógico, controlado y bien administrado hacia la persuasión.

Analiza la situación y el punto de vista opuesto antes de comenzar.

Proporciona información completa sobre sus conclusiones.

Usted aprecia que la información debe ser asimilada, por lo que a menudo hace un seguimiento con resúmenes escritos que describen los fundamentos de su posición para dar a las personas algo para leer y reflexionar.

Usted cree que lo que persuade es la cantidad de los hechos.

Sus hechos le permiten responder con precisión a las preguntas y contrarrestar los desafíos o la resistencia.

No pierde el tiempo tratando de persuadir a alguien que no esté interesado en los hechos.

Para usted, la persuasión es una negociación de dar y recibir entre dos partes. Se llega a un acuerdo con una aplicación lógica de los hechos. Usted espera y está preparado para hacer concesiones justas o compensaciones con el fin de persuadir.

Su Estilo de Percepción llamado Métodos es la razón por la cual usted:

- es sensitivo a la dinámica de encontrar términos medios.

- usa la lógica para persuadir.

- presenta la información de una manera que aumente las probabilidades de que las personas la retengan y la empleen.

- evalúa las necesidades y problemas generales de los demás antes de iniciar las negociaciones.

- cree que el regateo es una herramienta valiosa para la negociación y la persuasión.

Reflexión sobre la Persuasión

A continuación, presentamos algunos ejemplos que lo ayudarán a reconocer cómo se refleja su Estilo de Percepción llamado Métodos en la forma como enfoca la persuasión:

- Describa una interacción reciente en la que usted logró convencer a alguien de adoptar su punto de vista o tomar la acción que sugirió. ¿Qué habilidades enumeradas en la sección titulada *Persuasión* utilizó?

- Describa una situación en la que tuvo que lidiar con alguien que basaba su decisión en emociones. ¿Cómo respondió?

Automotivación: crear un incentivo personal para la acción

En su forma más simple, la automotivación es la capacidad de convencerse a hacer algo. Desarrollar entusiasmo personal e inspiración para tomar acción.

La automotivación es el catalizador de las metas que establece para sí mismo. Ella desarrolla su deseo de lograr sus metas, establece su compromiso con la acción y le ayuda a superar su miedo a lo desconocido o al fracaso.

La automotivación es una habilidad crítica porque le mantiene poniendo un pie delante del otro cada día de su vida.

Hay cosas que usted quiere hacer dependiendo del nivel de satisfacción que espera recibir cuando las haga. Divertirse es un gran ejemplo.

Y hay cosas que debe hacer para lograr algo tangible como el dinero u otras cosas, o intangible como el control o el estatus. Ir a trabajar es un buen ejemplo.

La automotivación es lo que le impulsa a la acción tanto por lo que quiere hacer como por lo que necesita hacer.

Con el **Estilo de Percepción** llamado **Métodos** se siente motivado por la oportunidad de crear estructura y proporcionarse a sí mismo y a otros cursos de acción prácticos.

Evalúa situaciones dividiéndolas en grupos de sus componentes y organiza y categoriza los datos resultantes.

Automotivación:

Valora hechos, eficiencia y logros. Busca ser competente y construir una reputación por ser lógico, imparcial y justo.

Las personas que usted percibide como inconsistentes, impredecibles y excesivamente emocionales le parecen desalentadoras.

Disfruta creando e implementando planes.

Reconoce el valor y la eficiencia inherente en la creación y el uso de listas.

Se esfuerza por agregar valor y se retirará cuando sienta que sus contribuciones no son adecuadamente apreciadas.

Oportunidades para establecer orden en situaciones caóticas y en personas que aprecien la estructura le asisten en recobrar su motivación.

Su **Estilo de Percepción** llamado **Métodos** es la razón por la cual usted:

- disfruta de la creación e implementación de planes de acción.

- desea ser reconocido por su comprensión racional basada en hechos y su experiencia en materias específicas.

- se desconecta y se pone a observar en situaciones cargadas de emociones.

- disfruta de encontrar las formas más efectivas y eficientes de ser productivo.

- necesita saber que las decisiones y los cursos de acción se basen en un análisis lógico de los hechos disponibles.

Reflexión sobre la Automotivación

A continuación, presentamos algunos ejemplos que lo ayudarán a reconocer cómo se refleja su Estilo de Percepción *llamado* Métodos *en la forma como enfoca la automotivación:*

- Describa la última ocasión en la que se sintió entusiasmado por llevar a cabo algo.

- ¿Qué aspecto de la situación anticipó con mayor interés?

- ¿Cuál fue la faceta más placentera del evento en sí?

- ¿Cómo se correlaciona la experiencia que describió con los atributos y habilidades enumerados en la sección titulada *Motivación*?

Interacción Social:
entornos y situaciones preferidas

La interacción social describe a dos o más personas que establecen conexión mediante conversación. Puede ser tan corto y directo como decir "Hola" a alguien en la línea de pago y recibir una respuesta del mismo modo, o también puede ser tan complejo como una reunión de las Naciones Unidas.

La ciencia ha demostrado que la interacción social es de vital importancia para su salud mental y física. Los estudios han señalado que las personas que tienen relaciones satisfactorias con los demás (familiares, amistades, compañeros de trabajo, etc.) son más felices y saludables, mientras que aquellas con ausencia de interacción social, tienen una vida más corta. ¡uyy!

La interacción social es obviamente esencial en su vida. Lo que también es interesante es que prosperará en algunas situaciones sociales y entornos, pero será miserable en otras debido a su Estilo de Percepción.

Con el **Estilo de Percepción** llamado **Métodos**, prefiere entornos que sean ordenados, controlados y bien gestionados.

Prefiere interactuar en grupos reducidos donde puede mantener conversaciones uno a uno.

Disfruta de situaciones sociales en las que puede socializar mientras realiza alguna actividad en lugar de simplemente sentarse y hablar.

Encuentra que las reuniones masivas no son acogedoras y a menudo se siente como un forastero sin nada que ofrecer a menos que encuentre un papel que desempeñar, como por ejemplo ayudar al anfitrión.

Usted es sensible al principio de reciprocidad en la interacción social. Busca agregar valor y desea que ese valor sea apreciado y devuelto de alguna manera.

Prefiere entornos laborales que sean estables, con roles y responsabilidades claros.

Es más productivo cuando el entorno permite la eficiencia, la productividad y la aplicación de información factual para la resolución de problemas.

Disfruta de situaciones que requieren minuciosidad, seguimiento y conclusión.

Prospera en entornos que se basan en evidencia empírica y requieren un análisis racional de datos sólidos, fenómenos observables y hechos verificables.

Encuentra que los entornos que son especulativos, ambiguos, se basan en la intuición o toman decisiones en función de las emociones y los sentimientos son incómodos e irracionales.

La interacción social es esencial para usted porque valida su conocimiento y su valor.

Su **Estilo de Percepción** llamado **Métodos** es la razón por la cual usted:

- prosperar en entornos con reglas, regulaciones y responsabilidades claramente definidas.

- disfruta haciendo cosas con otros más que simplemente estar con otros.

- gusta de la rutina y del resultado predecible de los procesos paso a paso.

- se enfoca en los hechos de una situación.

- se desconcierta fácilmente con la irracionalidad de los demás, la expresión emocional intensa, los presentimientos o la intuición.

- se frustra por la falta de planificación y repetición.

Reflexión sobre la Interacción Social

A continuación, presentamos algunos ejemplos que lo ayudarán a reconocer cómo se refleja su Estilo de Percepción llamado Métodos en la forma como enfoca la interacción social:

- Haga una lista de algunas de las cosas que disfruta hacer con otras personas.

- ¿De los atributos descritos en la sección titulada *Interacción Social*, cuales son comunes dentro la lista que acaba de crear?

- Describa una situación en la que se haya sentido limitado por las reglas, límites o limitaciones impuestas externamente. ¿Que hizo usted?

Orientación del Tiempo: perspectiva sobre el pasado, presente y futuro

La orientación del tiempo describe, cómo sus pensamientos, sentimientos y comportamientos, están influenciados por su perspectiva del tiempo.

La orientación del tiempo proporciona un marco para organizar sus experiencias en tres categorías: pasado, presente y futuro, y determinar el énfasis relativo que pone en cada una de estas categorías del tiempo.

Debido a su Estilo de Percepción, usted tiene una perspectiva específica sobre cómo se relaciona con el pasado, presente y futuro.

La orientación del tiempo es un factor importante en las diferencias de opinión entre usted y otras personas sobre lo que es importante. Esta no es obvia, pero influye profundamente en sus valores y sus decisiones sobre lo que debe ser atendido.

Inclinarse hacia una categoría del tiempo, no significa que esté atrapado allí. Es simplemente el marco de referencia con el que comienza.

Por ejemplo, algunos Estilos de Percepción se inclinan hacia el pasado (valoran las lecciones aprendidas, la experiencia y las tradiciones). Unos se inclinan hacia el presente (lo que está sucediendo ahora). Y otros se inclinan hacia el futuro (lo que debería suceder y lo que podría ser posible).

Con el **Estilo de Percepción** llamado **Métodos**, usted está arraigado en las realidades del presente.

Usted cree que solo en el presente se pueden conocer completamente todos los hechos relevantes necesarios para un análisis objetivo.

No juzga la experiencia mientras sucede, sino que actúa como un observador objetivo y reportero de lo que está pasando.

Afirma que el futuro puede predecirse y planificarse en función de los hechos actualmente conocidos, pero cree que confiar en tales predicciones y planes es irracional.

Reconoce que las decisiones sobre futuras posibilidades no son más que conjeturas.

Considera que el pasado tiene un valor limitado porque, aunque puede proporcionar información importante sobre la cual basar acciones actuales, esa información es subjetiva, incierta y no puede ser verificada objetivamente.

Su **Estilo de Percepción** llamado **Métodos** es la razón por la cual usted:

- basa la resolución de problemas en las circunstancias presentes.

- resiste la especulación sobre el futuro.

- se enfoca en el entorno actual medible.

- cree que el futuro se cuida por sí mismo si se presta atención al presente.

- extrae datos históricos para respaldar y validar la información actual.

Reflexión sobre la Orientación del Tiempo

A continuación, presentamos algunos ejemplos que lo ayudarán a reconocer cómo se refleja su Estilo de Percepción *llamado* Métodos *en la forma como enfoca su Orientación del Tiempo:*

- Cuando otros a su alrededor se preocupan por el futuro, ¿qué habilidades enumeradas en la sección de titulada *Orientación del Tiempo* le permiten mantener la calma y la racionalidad?

- Describa una situación en la que usted haya utilizado datos e información de experiencias pasadas para resolver un problema.

Aspectos destacados de cada uno de los seis Estilos de Percepción

Ahora que ha descubierto más sobre su Estilo de Percepción, tomemos unos momentos para ver los seis Estilos de Percepción y cómo se relacionan entre sí.

Los seis Estilos de Percepción proporcionan experiencias claramente diferentes del mundo.

Estas diferencias, demuestran una profunda diversidad psicológica y perceptiva que es la diversidad más esencial que existe. Ayuda a explicar las diferencias en la forma que las personas piensan y actúan.

Los seis Estilos de Percepción describen la gama completa de la realidad perceptiva.

Todo el mundo tiene un Estilo de Percepción que es innato e inmutable. Su Estilo de Percepción está integrado en su ser y crece con usted a medida que se envejece y desarrolla.

Las experiencias a lo largo de su vida influyen en su expresión del Estilo de Percepción, pero no lo cambian.

Estudios científicos confirman que los seis Estilos de Percepción se distribuyen uniformemente en la población general, y no hay diferencia con respecto al género, raza o cultura.

Los seis Estilos de Percepción tienen fortalezas y desafíos únicos. Veamos algunos aspectos destacados de cada estilo:

- **Actividad** – Las personas con el **Estilo de Percepción** llamado **Actividad** se lanzan a la vida de cuerpo entero. Se involucran plenamente con la confianza de que los detalles se resolverán por sí mismos.

  La dirección, ideas y actividades surgen como resultado de la acción constante y la participación con los demás y su entorno.

  Permanecen involucrados hasta que surge alguna nueva posibilidad o interés que capte su atención.

  Cultivan extensas redes de amigos y asociados.

  Comparten sus experiencias usando muchas historias, anécdotas y ejemplos.

- **Ajustes** – Las personas con el **Estilo de Percepción** llamado **Ajustes** ven el mundo como una realidad objetiva que se puede conocer si se toman el tiempo para recopilar información completa sobre sus complejidades y complicaciones.

  Se dedican a la adquisición y aplicación de conocimientos como base para su experiencia de vida.

  Disfrutan compartiendo sus conocimientos con otros y obteniendo nueva información de investigaciones o conversaciones.

  Ven una realidad objetiva, incluyendo complejidad y los efectos dominó.

  Son comunicadores cuidadosos y competentes que utilizan eficazmente los matices, el ingenio irónico y la precisión en el lenguaje.

  Tienen un fuerte sentido de la diplomacia y proyectan una certeza tranquilizante.

- **Fluido** – Las personas con el **Estilo de Percepción** llamado **Fluido** ven un mundo ricamente texturizado donde las piezas encajan y apoyan y dependen unas de otras.

Ven la compleja conectividad, aparentemente no relacionada, entre personas, entornos y situaciones.

Desarrollan y mantienen relaciones con gente poderosa a quien tratan con un toque personal para crear y mantener unidas comunidades de familia, amistades, compañeros de trabajo, organizaciones, etc.

Valoran la historia y la tradición y honran la continuidad entre el pasado, el presente y el futuro.

Se conectan fácilmente con otros resaltando los puntos en común y compartiendo ideas.

Confían en el flujo continuo de experiencias y creen que lo que es importante y necesario surgirá tarde o temprano.

- **Metas** – Las personas con el **Estilo de Percepción** llamado **Metas** ven un mundo en el que las posibilidades se combinan con hechos para crear objetivos que alcanzar, problemas por resolver y ventajas a aprovechar.

  Poseen un sentido de urgencia y claridad de propósito.

  Se pasan la vida enfocados en el logro de resultados específicos y objetivos bien definidos.

  Evalúan todas las actividades basándose en su posible contribución hacia el logro del resultado esperado.

  Son comunicadores fuertes y seguros que hablan con claridad y fuerza de opinión.

  Son decisivos y expertos en mantener estructura en situaciones caóticas.

- **Métodos** – Las personas con el **Estilo de Percepción** llamado **Métodos** perciben un mundo sensible, lógico y fáctico, y su enfoque es racional y práctico.

Se enfocan en cómo se deben hacer las cosas y disciernen la mejor forma de hacerlo.

Saben que incluso la tarea más compleja siempre se puede dividir en una secuencia de pasos simples.

Creen que los hechos, cuando se presentan adecuadamente, hablarán por sí mismos.

Toman a las personas tal cual parezcan. Dicen lo que quieren decir y quieren decir lo que dicen y esperan que otros hagan lo mismo.

Su capacidad para ver la estructura e imponer el orden les permite ayudar a otros a funcionar frente al caos y la incertidumbre.

- **Visión** – Las personas con el **Estilo de Percepción** llamado **Visión** perciben el mundo como un lugar de infinitas posibilidades, lleno de opciones y oportunidades.

Buscan oportunidades donde puedan tener un impacto, marcar la diferencia y dejar su huella.

Se enfrentan a las realidades de una situación con serias intenciones, una perspectiva optimista que se encontrará una solución y la confianza en que siempre existe otras alternativas por explorar.

Dependen de su intuición y toman decisiones rápidamente basándose en la información disponible.

Funcionan bien con información incompleta y parcial y no necesitan todos los detalles para establecer un curso y participar en la acción.

Son altamente persuasivos y fácilmente convencen e inspiran a otros a unirse a ellos.

Interacción entre Estilos de Percepción

¿Alguna vez ha escuchado a alguien decir: "Los opuestos se atraen" o "Los pájaros de una bandada de plumas se agrupan"?

Definitivamente hay algo de verdad en ambos dichos.

Pero también es cierto que los opuestos se repelen, y los pájaros de un mismo plumaje se aburren entre sí.

El Estilo de Percepción ayuda a explicar dinámicas interpersonales como la atracción y la aversión.

Lo que ve es real para usted, pero lo que otros ven es real para ellos. Todos usamos el filtro de la percepción para darnos sentido a nosotros mismos.

Existe una relación teórica bien definida entre los seis Estilos de Percepción.

Si pensamos en la realidad perceptiva como un gran círculo, entonces cada Estilo de Percepción tiene su propia "porción del pastel", como se muestra en la tabla a continuación.

Relación entre Estilos de Percepción

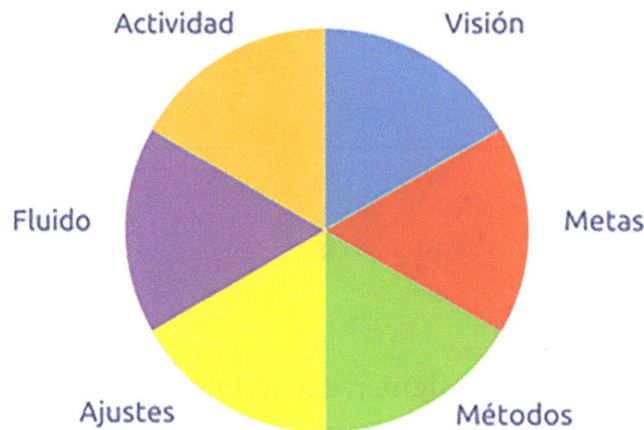

Notas del gráfico circular:

- No hay parte superior o inferior en el gráfico, puede girarlo de la manera que desee, pero los estilos siempre permanecen en las mismas relaciones.

- Los colores no tienen ningún significado, aparte de hacer que el gráfico se vea bonito.

Cada Estilo de Percepción tiene un Opuesto directo, dos Vecinos (uno a cada lado) y dos Saltando Uno (ni un Vecino ni un Opuesto). Aunque los seis son psicológicamente únicos, cada Estilo de Percepción comparte algunas similitudes con los estilos vecinos.

Cada estilo también es atraído y repelido por su estilo opuesto, y cada uno encuentra los estilos en que hay que saltarse uno para tocarlo algo desconcertantes.

Entonces, ¿Qué le significa esto cuando interactúa con otras personas?

Como era de esperar, su **Estilo de Percepción** llamado **Métodos** es el núcleo de su experiencia con los demás.

Aquí hay algunos aspectos destacados de lo que puede esperar cuando está interactuando con cada Estilo de Percepción:

- **Métodos** con **Actividad** (Opuestos) – Se sentirá atraído por su capacidad para hacer múltiples tareas, su espontaneidad y su amplio rango de intereses.

  Ellos se sentirán atraídos por su alta tolerancia a la repetición y la rutina, su capacidad para crear procedimientos precisos paso a paso y su habilidad para seguir planes establecidos.

  A usted le frustrará lo que percibe ser su falta de aprecio por la estructura, su incapacidad para conformarse con reglas y rutinas, y su superficialidad.

  Ellos se frustrarán por lo que perciben como su falta de disposición para "romper las reglas", su necesidad de orden y su negativa a dejarse llevar por la emoción de una idea.

- **Métodos** con **Ajustes** (Vecinos) – Usted se sentirá atraído por su atención precisa y perfeccionista a los detalles, su habilidad para reconocer cuándo la información está incompleta y su deseo de considerar todos los aspectos de un tema.

  Ellos se sentirán atraídos por su capacidad para evaluar en forma crítica y racional cursos de acción alternativos, su habilidad para abordar la vida de manera ordenada, estructurada y razonable, y su enfoque en las realidades de una situación.

  Usted se frustrará por lo que percibe como su necesidad de complicar las cosas simples, su actitud condescendiente y su constante perfeccionamiento de procesos establecidos.

  Ellos se frustrarán por lo que perciben como su resistencia a modificar planes establecidos, sus enfoques simplistas para problemas complejos y su uso de hechos sin un contexto completo.

- **Métodos** con **Fluido** (Saltando Uno) – Usted se sentirá atraído por su capacidad para construir comunidad, su manera tranquila y amigable de relacionarse con las personas y su preocupación genuina.

  Ellos se sentirán atraídos por su habilidad para mantener su distancia en entornos hostiles o competitivos, su capacidad para abordar la vida de manera ordenada y estructurada, y su habilidad para recopilar datos completos para simplificar la aparente complejidad.

Usted se sentirá frustrado por lo que percibe como su falta de estructura, su énfasis excesivo sobre el valor de la conexión y su falta de atención a los detalles.

Ellos se sentirán frustrados por lo que perciben como su tendencia a moverse de manera tediosa y medida, su aparente indiferencia hacia los aspectos emocionales de la vida y su resistencia a considerar las corazonadas y la intuición como fuentes legítimas de datos.

- **Métodos** con **Metas** (Vecinos) – Usted se sentirá atraído por su capacidad para mantener el enfoque y trabajar productivamente en entornos intensos, por su habilidad para determinar lo que es importante y lo que no lo es, y por su capacidad para evitar involucrarse innecesariamente en asuntos o personas.

Ellos se sentirán atraídos por su habilidad para expresar sus posiciones firmemente y con claridad, sin disculpas ni vacilaciones, por su habilidad para imponer claridad y orden antes de proceder, y su destreza para llevar a cabo tareas de manera confiable y consistente.

Usted se sentirá frustrado por lo que percibe como su falla al iniciar cambios debido al aburrimiento con el statu quo, su falta de tácticas claras y repetibles, y su uso de la intimidación y la coerción para obtener sus objetivos.

Ellos se sentirán frustrados por lo que perciben como su resistencia a participar en conflictos y competencias, su incapacidad para tomar decisiones rápidas y su sereno y tranquilo comportamiento constante.

- **Métodos** con **Visión** (Saltando Uno) – Usted se sentirá atraído por su objetividad inicial, su capacidad para tratar los errores honestos como experiencias de aprendizaje y la facilidad con la que influyen y persuaden a los demás.

Ellos se sentirán atraídos por su uso de la lógica para liderar a las personas y atraer seguidores, su capacidad para tomar decisiones de manera objetiva después de revisar la información disponible y su cumplimiento de los planes establecidos.

Usted se sentirá frustrado por lo que percibe como su aceptación de soluciones expeditas y prácticas en lugar de las "correctas y adecuadas", su actitud despectiva hacia los hechos que no le gustan y su constante necesidad de volver a examinar, alterar y modificar las reglas y planes establecidos.

Ellos se sentirán frustrados por lo que perciben como su enfoque en el proceso en lugar de los resultados, su resistencia a abandonar procedimientos obsoletos y su estilo objetivo, directo y literal de comunicación.

- **Métodos** con **Métodos** (Espíritu Afín) – Ustedes experimentarán un vínculo casi instantáneo, ya que se relacionarán rápidamente sin necesidad de explicaciones.

  ¡Se encontrará asintiendo con la cabeza e incluso terminando las frases del otro! Puede ser una experiencia emocionante.

  El vínculo que experimentan con alguien que comparte el mismo Estilo de Percepción puede ser tan fuerte que les tomará un tiempo para reconocer las diferencias entre ustedes.

  Pero en algún momento, se sentirán frustrados y sorprendidos cuando las diferencias amenacen la conexión que aparentemente no necesitaba esfuerzo. Las experiencias de vida individuales crean las diferencias que cada uno de ustedes expresa en su Estilo de percepción.

Todos somos amalgamas de nuestras experiencias de vida, Estilo de Percepción y específicos rasgos de personalidad.

La clave para entender las diferencias que usted encuentre con alguien que comparta su Estilo de Percepción es comprender que estas son expresiones individuales basadas en la experiencia de vida de cada uno y no son una traición personal.

Cuanto más se entienda a sí mismo, más entenderá sobre cómo y por qué se difiere de los demás. Se sentirá cómodo disfrutando de lo que hace mejor, aceptando a los demás por sus diferencias y valorando lo que esas diferencias contribuyen a su mundo.

¡Comencemos la Celebración!

Bueno, es hora de ir más allá del factor "y qué". Mejor dicho, "Todo esto es muy interesante, pero ¿y qué?"

Ir más allá del factor "y qué" es un desafío que requiere que usted haga más que simplemente leer la descripción de su Estilo de Percepción.

Aun cuando se hubiera identificado un 100% con las habilidades y comportamientos naturales de su Estilo de Percepción, si simplemente lo guarda en el archivo titulado "Lo volveré a ver algún día", no obtendrá el beneficio de usar y aumentar sus habilidades naturales.

Su Estilo de Percepción y Your Talent Advantage (La Ventaja que Aporta su Talento) son más que un simple ejercicio intelectual e incorporar sus habilidades naturales en su vida requiere un poco de trabajo de su parte.

¡Su Estilo de Percepción es real!

Su Estilo de Percepción no es solo un concepto psicológico entretenido, sino una parte fundamental de lo que es.

Ya sea que esté consciente de ello o no, su Estilo de Percepción impacta su vida a diario.

Hasta ahora, es posible que haya pasado por su vida cotidiana con poca o ninguna conciencia de su Estilo de Percepción. El desafío está en utilizar activamente el nuevo conocimiento que ha adquirido para empezar a hacer más de lo que mejor sabe hacer.

Usar la información de esta guía de acción para comprender su Estilo de Percepción es solo el primer paso.

El segundo paso es aceptar su Estilo de Percepción como parte de lo que es.

El tercer paso es aceptar su Estilo de Percepción haciendo un esfuerzo consciente para explorar las diferentes formas en que se puede expresar en su vida y descubrir los matices sutiles de las ventajas que tiene gracias a sus habilidades naturales.

Veamos cada paso con un poco más de detalle.

Primer paso: Comprensión

El primer paso para aceptar quién es requiere entender su Estilo de Percepción y cómo se adapta a usted.

Es posible que todo lo descrito en esta guía de acción no le aplique en un 100%.

Debido a experiencias a lo largo de su vida, hay cosas que lo diferencian de otros.

Esta guía de acción ha sido diseñada para ayudarle no solo a aprender sobre su Estilo de Percepción, sino también para ayudarle a descubrir aquellos aspectos de la forma cómo los expresa que hacen de usted, una persona única.

Tómese el tiempo necesario para completar los ejercicios de reflexión, incluidos al final de cada sección de esta guía de acción. Le ayudarán a identificar su forma de expresar su Estilo de Percepción como parte de su comportamiento diario y así permitiéndole personalizar la información presentada.

Segundo paso: Aceptación

Una cosa es entender su Estilo de Percepción, pero otra muy distinta es aceptar plenamente lo que esto implica.

Cuando aprende por primera vez sobre su Estilo de Percepción, es emocionante a medida que se identifica con las habilidades, fortalezas y comportamientos que son naturales para usted.

Hay un tremendo poder en la validación personal que proporciona la experiencia de aprender su Estilo de Percepción. Muchos lo han descrito como la primera vez que se sienten verdaderamente comprendidos.

Entender que algo que usted siempre pensó cualquier persona seria capaz de hacer es en realidad una habilidad solamente suya es algo verdaderamente gratificante.

Pero, así como su Estilo de Percepción apoya una amplia gama de habilidades y comportamientos, cada uno de los otros 5 Estilos de Percepción también apoya su propio conjunto único de habilidades y comportamientos.

Es un hecho de la vida que nadie tiene la capacidad de dominar todas las habilidades que pertenecen a otros Estilos de Percepción. Simplemente estamos siendo fácticos, ya que hay límites a lo que cualquiera de nosotros puede dominar fuera de nuestro propio repertorio natural. Así somos los seres humanos.

No hay porqué entrar en pánico. A nivel conceptual, su primera reacción será que la noción de no poder dominar todo se siente muy limitante e incómoda. Después de todo, ¿no nos han dicho a todos una y otra vez que "puede lograr cualquier cosa que se proponga"?

Claro está que hay mucha verdad en esa afirmación, pero también hay un gran precio. Cuando se proponga a dominar habilidades que no están en su repertorio natural, podrá llegar a ser muy competente en ellas. Sin embargo, debido a que no son naturales para usted, lo desgastarán más rápido y le impedirán aprovechar toda la gama de sus fortalezas naturales.

Si está enfocado en adquirir habilidades asociadas con otros Estilos de Percepción, algunas de sus habilidades naturales se desvanecerán en el fondo y permanecerán inactivas.

Descubrirá muchas cosas por ahí que no querrá dominar de todos modos y encontrará un alivio al descubrir que esas cosas son habilidades naturales para otra persona, y no tendrá que hacerlas usted.

Por lo tanto, aceptar plenamente su Estilo de Percepción significa reclamar su capacidad natural y reconocer que hay habilidades y comportamientos para los cuales no tiene potencial innato.

Tercer paso: ¡Celebración!

La celebración se refiere al sentirse bien acerca de quién es y dónde encaja en el mundo. Es usar conscientemente sus habilidades naturales y perfeccionarlas hasta convertirlas en fortalezas.

Significa entender que no todo el mundo ve el mundo como usted, y eso está bien.

Es sentirse cómodo de que no puede hacerlo todo y aliviado de no tener que hacerlo.

Es aceptar cumplidos por lo que hace bien y reconocer la autosatisfacción al emplear sus habilidades naturales.

Es dejar de lado la necesidad de convencer a todos de que sean como usted y aceptarlos por lo que son. Porque si no fueran diferentes, usted no pudiera brillar tan intensamente gracias a sus fortalezas únicas.

Es explorar toda la gama y profundidad de su potencial natural.

¡Es hacer más de lo que mejor sabe hacer!

Tiene habilidades para las cuales posee un potencial innato que están esperando ser utilizadas.

¡Estas habilidades son fáciles para usted porque reflejan aspectos de quién fundamentalmente es! Claro, pueden requerir un poco de desarrollo, pero encontrará que los esfuerzos utilizados usando sus talentos naturales son productivos, significativos y gratificantes.

El Poder de su Percepción le permite elegir conscientemente hacer más de lo que mejor sabe hacer.

Use esta guía de acción para ayudarle a identificar lo que hace bien, realmente disfruta y sobre lo que otros a menudo le felicitan. ¡Entonces busque oportunidades para hacer esas cosas más a menudo!

El Poder de su Percepción le ayudará a explorar los aspectos únicos de sus talentos y dones permitiéndole llenar su vida con actividades y personas que le brinden alegría y satisfacción.

La vida es demasiado corta para no disfrutarla plenamente y lograr el éxito que se merece.

Sobre los Autores

Lynda-Ross Vega Lynda-Ross Vega ha estado fascinada, desde que era niña, con entender que hace funcionar a la gente. Su curiosidad por la diversidad humana y las formas de lograr que las personas se desempeñen en la forma más productiva la llevó a una carrera multifacética en las áreas de banca, tecnología y consultoría conductual.

Entre los cargos que ha desempeñado están incluidos: Ejecutiva de alto nivel, Empresaria, Propietaria de negocios, Consultora, Asesora Ejecutiva, Coach, Hija, Hermana, Esposa, Madrastra y Abuela.

Lynda-Ross es una experta en aprovechar el poder de la percepción para ayudar a las personas y organizaciones a implementar cambios, potenciar la colaboración y desarrollar el talento.

Lynda-Ross es una ávida lectora, entusiasta cocinera y fanática de la música. Le gusta caminar con su setter irlandés Kinsey, hacer ejercicio en su estudio local de barre, pasear con amistades y familia y disfrutar de vacaciones en los parques y en la playa.

Ella y su esposo, Ricardo, se retiraron de sus trabajos corporativos en 1994, formaron su propia empresa y todavía siguen viento en popa. En su tiempo libre, disfrutan pasando el tiempo con familiares y amistades, viendo fútbol de la Premier League (en realidad, casi cualquier nivel de fútbol), viajando, escuchando música, leyendo sobre la historia y presenciando obras de teatro en vivo.

Puede conectarse con Lynda-Ross en:

Website: https://thepowerofyourperception.com/portada

Linked In: linkedin.com/in/lyndarossvega

Instagram: https://www.instagram.com/lyndarossvega/

Facebook: https://www.facebook.com/descubraelpoderdesupercepción

Gary Jordan, PhD, posee más de 40 años de experiencia en psicología clínica, evaluaciones de comportamiento, desarrollo individual y coaching. Obtuvo su doctorado en psicología clínica del Colegio de Psicología Profesional parte de la Universidad de California-Berkeley en 1980.

Aunque siempre estuvo fascinado por las teorías de "tipos" y "estilos", Gary no encontró que ninguna de estas teorías integrara la experiencia interna con el comportamiento observable. Empezó a desarrollar una teoría práctica, útil y fiable una vez que presentó su tesis doctoral y continuando a lo largo de sus años de practica privada.

Gary es un experto en ayudar a las personas a entenderse a sí mismas y usar esos conocimientos para alinear sus acciones con su potencial natural.

Entre sus muchos pasatiempos e intereses, Gary es un instructor en Shaolin Kenpo que posee un cinturón negro en esa disciplina. Gary y su esposa Marcia, se conocieron cuando ella se inscribió en una de sus clases. Ellos disfrutan coordinando en trabajos paisajistas en su jardín, diseño de interiores y proyectos con muebles.

Puede conectarse con Gary en:

Website: https://thepowerofyourperception.com/portada

Linked In: https://www.linkedin.com/in/gary-jordan-ph-d-4475b011/

Facebook: https://www.facebook.com/descubraelpoderdesupercepción

Notas

Notas